LYCAN-
HOPE
Now with
WOLFSBANE

START
END

fog	bats	dark
ghost	apples	candy corn

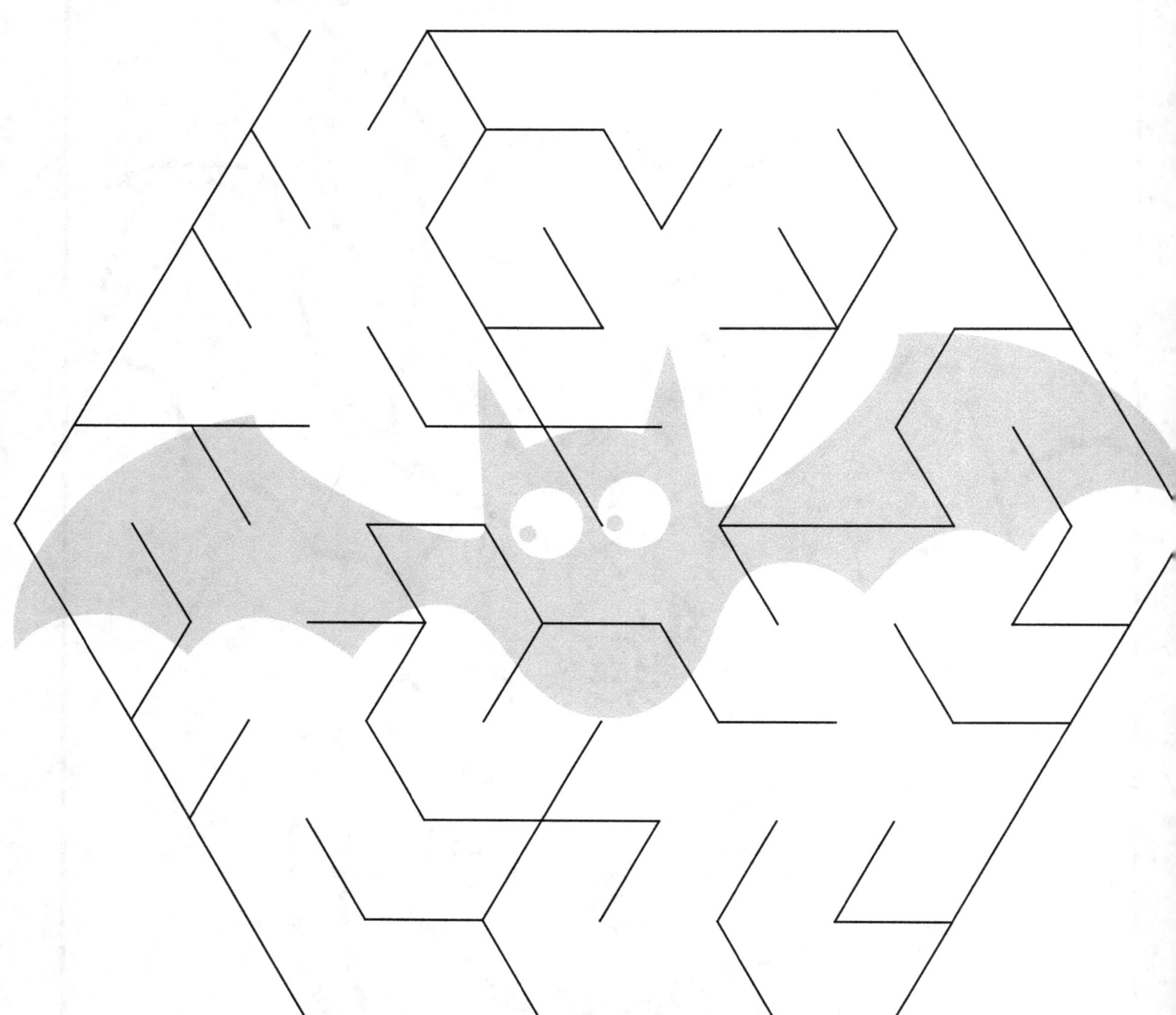

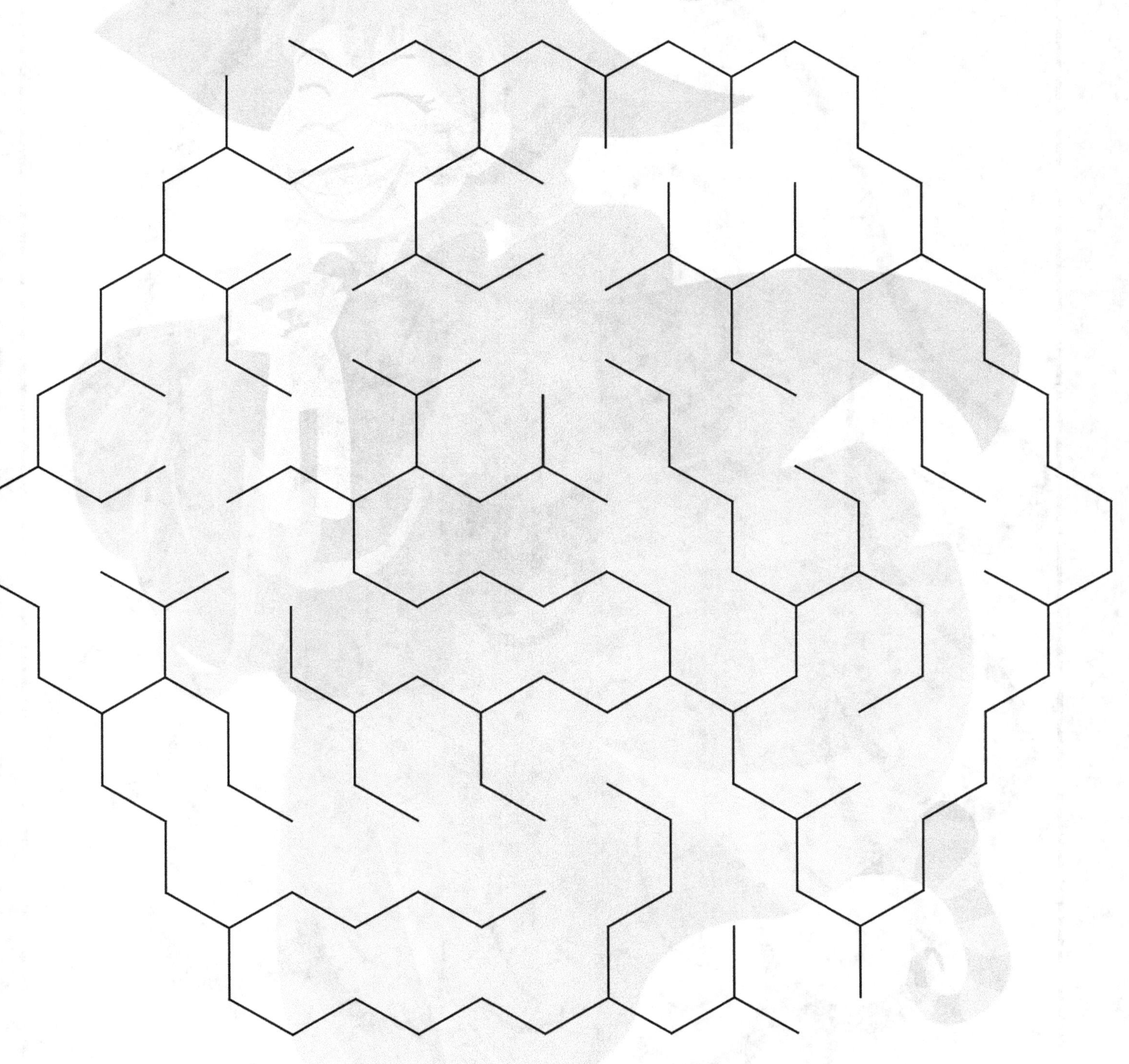

R B I U G M O Q X W L E L O U U G
Y C I A L F K G B P R V H Q X F E
M U M M Y V O A A N U A U P Y V I
D J A C K O L A N T E R N M P O R
B H G U K I F W L Z O L T G U U C
I T I W W D Z X U X T E X X F E L
J O N R A X W F R N X D Q X X D T
B F E X H R V U K Q U S Z W Q T Y
D A E I H D O P H B S Y F P G Z G
W X N K X O I N X B I Z B P C Y M
W Z S Y Z U S F T V B K O O K Z T
Y V Y S S E R E K P C E W R K W O
N F G R A S J W F H X R N V Y B P
A L E S A S U D H F P T I B B W N
Y H X L T X A T S D A L M H M N E
Y W D E K V T W C T F Y J N X E J
P O L B H P A C Y O B D X J R N Q

hunt
mummy

kook
imagine

lurk
jack o lantern

W B O I D I D V Z U O O R Q
J X S R H T V V F L L C R X
N U G O F C L R E T I M
X N D T G M C F H O N Y
L R K T H X W E T B V S
U W J E I Q D D A E S T
K C B N G U N T R R C G
Q P F L S E F N U H A Z
D M N Q A E E N R K R W
B D S J V N H I K V E P
V K P X P U M P K I N O
L N I G H T S Y T R A K

ght
tten
queen
october
scare
pumpkin

O Z C V M C X P C Y U X

V W E B Q F A J R F V X

U N M A S K D E L V A R

Y L I R K Q G F M T M A

O N L X U C T Z Y O P Y

F D O L A I R L I Q I N

Q Z O M B I E Z K Z R L

L S Z J U U A E E Q E I

H U C J D T T L S F H I

P Q H R N Q F D B M U R

T C M L U H M J M Y E A

N B C G T L F O U R U Q

web   treat   x ray
yikes   unmask   zombie
vampire

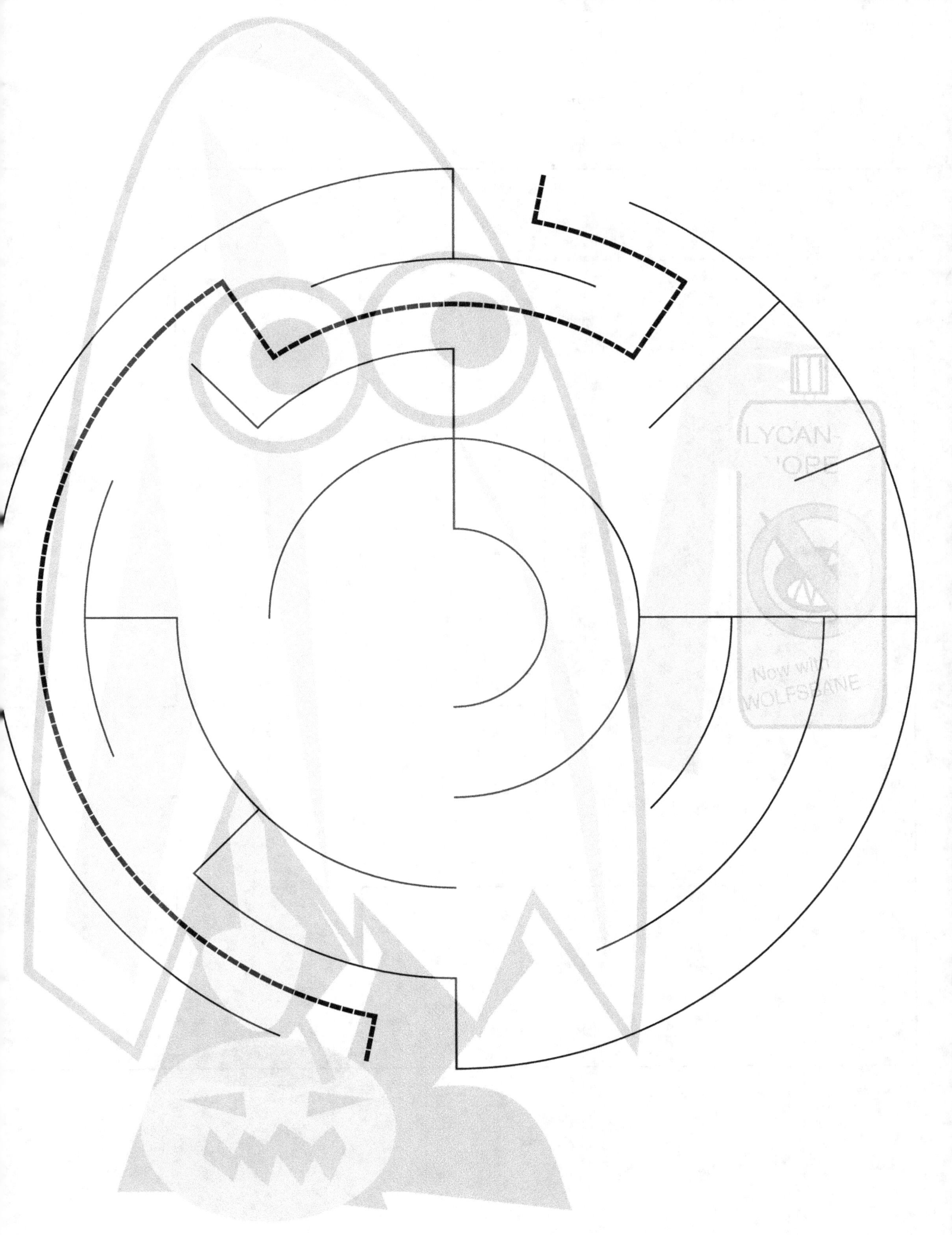

LYCAN-
'OPE
Now with
WOLFSBANE

START
END

```
E E H V V O Z P J H O Z H H
E F C H Q V M N P X J X P R
H F G H T M E E B D C Y E Z
C H X U P O M Y P W I N R Z
A E S X G U H L M K T C O E
N W R U D N M L Z D L W V O
D C M F Y F G D M Y W T E Y
Y V V P R O H R Z J U H M F
C D X D W F O G M T I J W L
O A P P L E S Z L O N C B K
R R Z Q B A T S Y X E Q P Q
N K M G C S D Z X G I H T F
L C Z F P A E X D A P O H T
C U T F P X J C N I U Y H J
```

g
host

bats
apples

dark
candy corn

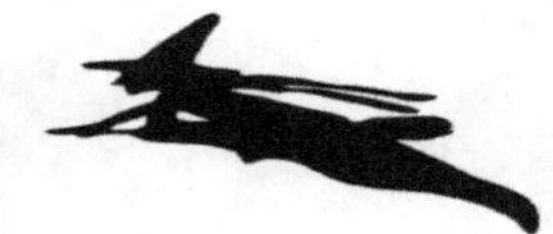

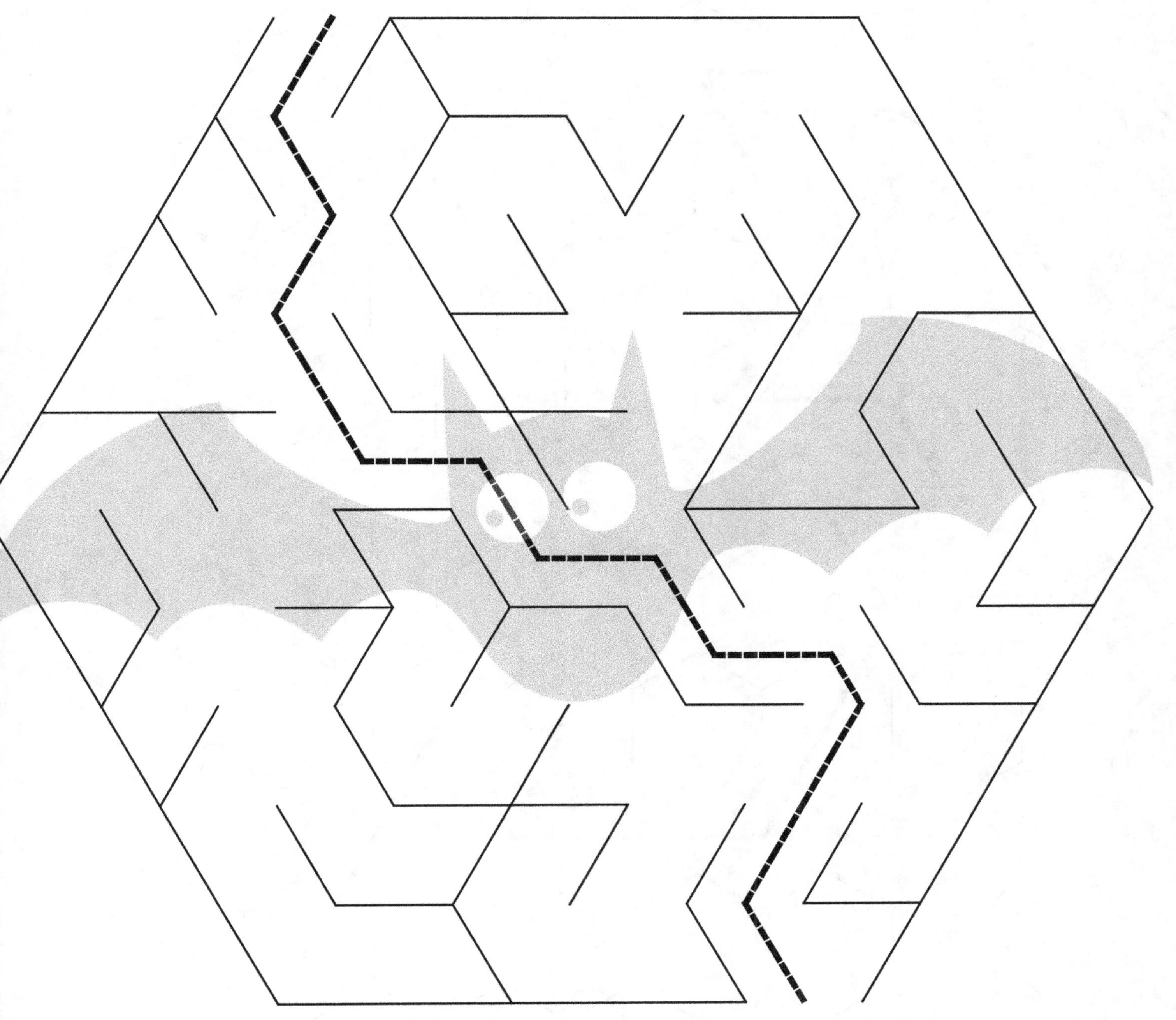

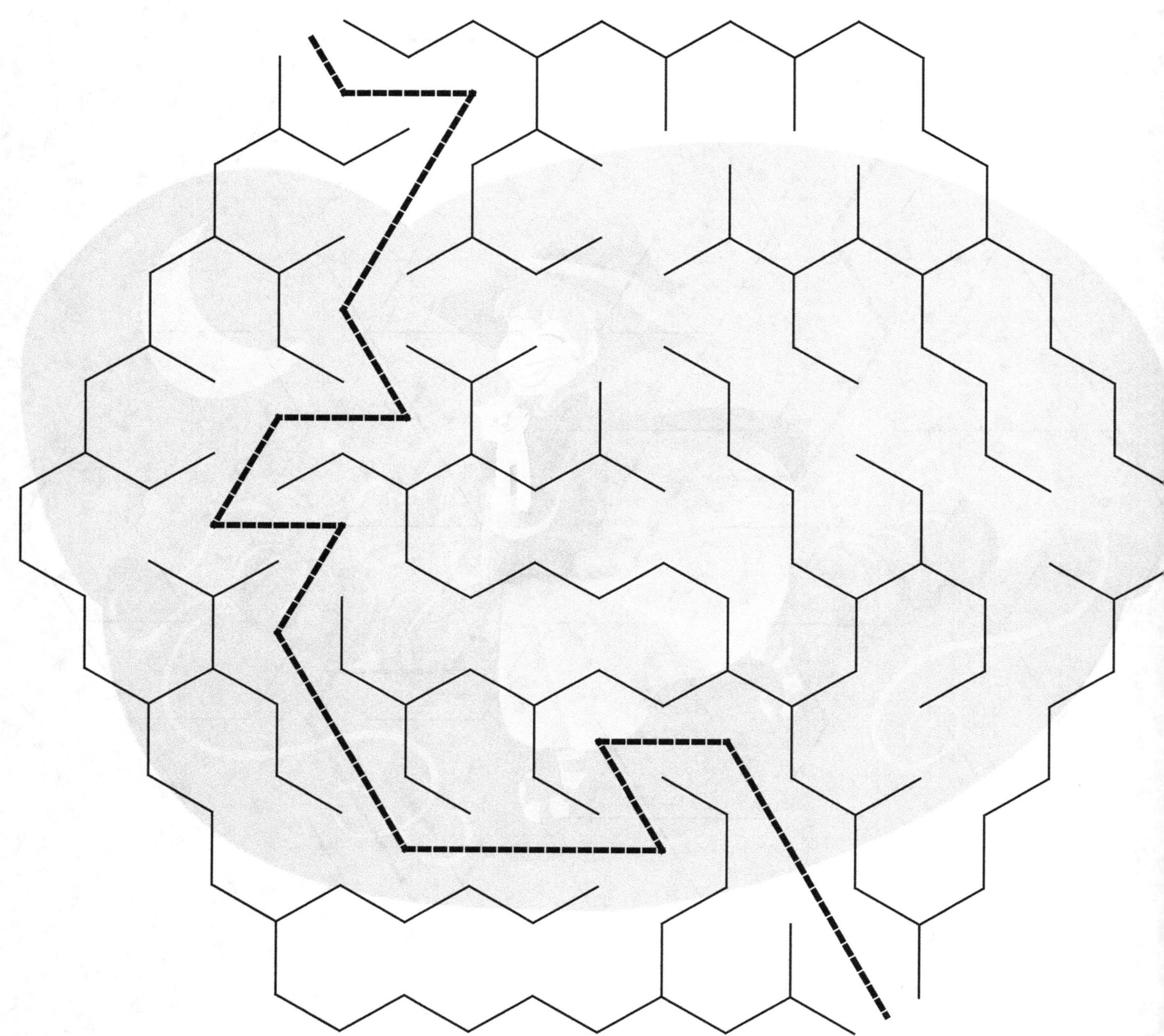

R B I U G M O Q X W L E L O U U G
Y C I A L F K G B P R V H Q X F E
M U M M Y V O A A N U A U P Y V I
D J A C K O L A N T E R N M P O R
B H G U K I F W L Z O L T G U U C
I T I W W D Z X U X T E X X F E L
J O N R A X W F R N X D Q X X D T
B F E X H R V U K Q U S Z W Q T Y
D A E I H D O P H B S Y F P G Z G
W X N K X O I N X B I Z B P C Y M
W Z S Y Z U S F T V B K O O K Z T
V Y S S E R E K P C E W R K W O
N F G R A S J W F H X R N V Y B P
A L E S A S U D H F P T I B B W N
Y H X L T X A T S D A L M H M N E
Y W D E K V T W C T F Y J N X E J
P O L B H P A C Y O B D X J R N Q

unt
mummy

kook
imagine

lurk
jack o lantern

```
W B O I D V Z U O O R Q
J X S R H T V F L C R X
N U G O F C L R E T I M
X N D T G M C F H O N Y
L R K T H X W E T B V S
U W J E I Q D D A E S T
K C B N G H N T R R C G
Q P F L S E F N U H A Z
D M N Q A L E N R K R W
B D S J V N H I K V E P
V K P X P U M P K I N O
L N I G H T S Y T R A K
```

night
rotten

queen
october

scare
pumpkin

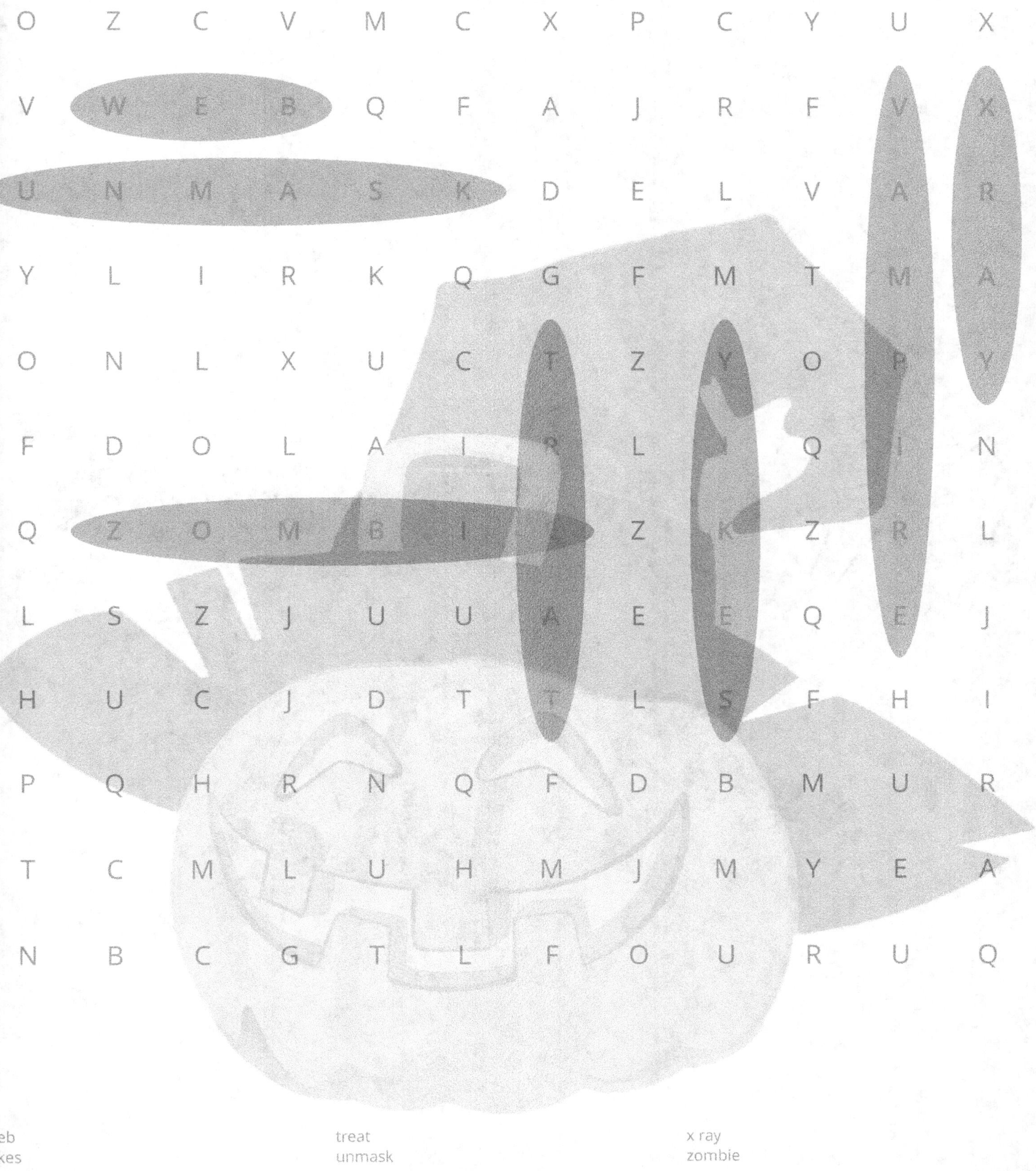

O Z C V M C X P C Y U X
V W E B Q F A J R F V X
U N M A S K D E L V A R
Y L I R K Q G F M T M A
O N L X U C T Z Y O P Y
F D O L A I R L Q I N
Q Z O M B I I Z K Z R L
L S Z J U U A E E Q E J
H U C J D T T L S F H I
P Q H R N Q F D B M U R
T C M L U H M J M Y E A
N B C G T L F O U R U Q

eb
kes
ampire

treat
unmask

x ray
zombie